DE LA

POLITIQUE

INTÉRIEURE ET EXTÉRIEURE

DE

LA FRANCE

PAR

M. LE Vte DE LA GUÉRONNIÈRE

SÉNATEUR

PARIS

E. DENTU, LIBRAIRE-ÉDITEUR

Palais-Royal, galerie d'Orléans, 15

—

1862

DE LA

POLITIQUE

INTÉRIEURE ET EXTÉRIEURE

DE LA FRANCE.

I.

Politique intérieure.

Il y a en ce moment un grand effort pour fausser l'origine, les principes, la mission du gouvernement de l'Empereur. Des esprits partis de points opposés et que tout sépare, le passé comme l'avenir, se rencontrent néanmoins pour caractériser dans une formule commune la signification historique et politique de l'Empire français, et cette formule est celle-ci : Alliance du despotisme et de la révolution dans une monarchie populaire et militaire. Despotique au dedans, révolutionnaire au dehors, telle est la double destinée que voudraient assigner au trône impérial les hostilités perfides qui rêvent de l'ébranler et les amitiés nouvelles qui cherchent à l'entraîner.

A cette formule fausse, inconciliable avec la société moderne, nous en opposons énergiquement une autre, qui est celle-ci : Alliance des prérogatives de l'autorité souveraine et des garanties d'un pays libre dans un pouvoir qui tire tout à la fois de son origine, de sa popularité et de sa gloire, sa force d'impulsion pour le progrès et pour le bien, et sa puissance de mesure et de retenue contre les excès de toute nature.

Ainsi, les deux termes de la situation se trouvent nettement posés : d'un côté, l'Empire révolutionnaire et dictatorial que l'on voudrait faire surgir au profit d'un parti, en déplaçant le gouvernement actuel de la large base sur laquelle il repose ; de l'autre côté, l'Empire conservateur et libéral, fondé par la France entière, se développant progressivement dans les institutions perfectibles que lui a données son chef et dans les principes nouveaux de l'Europe régénérée sous sa féconde influence.

Toute la politique intérieure est dans ce rapprochement. Elle est entre la dictature et la liberté, entre la démocratie révolutionnaire qui serait l'agitation permanente, la guerre civile des intérêts, des consciences, des influences sociales en France et en Europe, et la démocratie conservatrice et gouvernementale, qui est l'application régulière et pacifique de tous les éléments qui concourent à l'œuvre de la civilisation. Voilà les deux principaux aspects de la situation. C'est entre ces deux grands courants que la société française est partagée ; c'est là qu'est la vie ; c'est là qu'est la lutte. Le reste n'est que secondaire et ne correspond qu'à des idées, à des formes de gouvernement que le temps a emportées dans les changements providentiels qu'il accomplit.

Il est donc nécessaire de mettre ici en présence ces deux natures d'institutions : celle que l'on voudrait faire naître du sein de la France divisée et de l'Europe bouleversée, et celle que nous voulons maintenir et améliorer, comme l'expression la plus haute de la nation apaisée, réconciliée et affranchie. D'un côté, l'Empire tel que le rêve un parti ; de l'autre, l'Empire comme le veut la France.

D'abord, qu'est-ce que l'Empire révolutionnaire ? De quels antécédents procède-t-il ? Quelles sont ses doctrines ? Quel serait son mode d'exister ? Quel est son but ?

L'Empire révolutionnaire, c'est la révolution, ne changeant pas de but, mais de moyens, et cherchant en haut, pour le succès de ses combinaisons de renversement social, la complicité que lui refuse en bas le souvenir des dé-

ceptions qu'elle a semées et des désastres qu'elle
a accumulés. Et, qu'on ne s'y trompe pas, le
principe d'autorité, qu'elle exagère, est à ses
yeux sans avenir, sans prestige et sans puissance morale : ce n'est que l'instrument tran-
sitoire de ses ambitions. Lorsqu'elle s'incline
devant lui, ce n'est pas pour le fortifier de son
adhésion, mais pour le subordonner et l'entraîner ; et, en acceptant ce qu'elle déteste, elle
serait même disposée à sacrifier ce qu'elle pa-
raît aimer, et elle livrerait la liberté intérieure
comme une rançon du bouleversement de l'Europe.

C'est la seconde fois depuis cinquante ans
que nous assistons à cette tentative audacieuse
du parti révolutionnaire, pour faire tourner à
son profit la réaction légitime de l'esprit national contre son impuissance et ses désordres.
En 1799, comme en 1848, nous avons vu ce
nom prédestiné de Bonaparte s'élever au-des-
sus des déchirements de la patrie, et arracher
la France aux factions pour la rendre à elle-
même. Eh bien ! alors, comme aujourd'hui,
c'est de leur propre vainqueur que les passions vaincues essayèrent de faire leur com-
plice. Quand le premier consul, d'une main
aussi hardie que sûre, relevait la société au
milieu des ruines, quand il rappelait les pros-

crits de la terreur, quand il ouvrait les égli-
ses, quand il rendait au clergé les garanties
de son indépendance, la révolution s'inquié-
tait, murmurait et menaçait. Mais lui, inflexi-
ble dans ses desseins, poursuivait son œuvre,
et, malgré les jacobins qui s'étaient introduits
dans ses conseils, il fit le concordat.

Cinquante années plus tard, son héritier
montait au pouvoir suprême, pour dominer
les partis et refouler le mouvement démago-
gique qui débordait sur le pays. Il marchait
dans la même voie. Et si Napoléon Ier a signé
le concordat des consciences, on peut dire que
Napoléon III nous a donné le concordat de
l'ordre, du progrès et de l'honneur national.

Cette grande mission, deux fois accomplie
sous l'égide du même nom, dans des circonstances à peu près analogues, est un enseigne-
ment décisif; et si quelque chose pouvait le
compléter, ce serait de voir les ennemis fran-
chement déclarés du régime actuel fournir à
ses amis aveugles ou imprudents ces assimi-
lations qui, dans l'esprit de ceux qui les in-
voquent, sont des impossibilités ou des outra-
ges. Ne sont-ce pas eux, en effet, qui ont
dressé devant le regard ébloui d'un pays fa-
cilement enthousiaste de pareils souvenirs,
l'image du césarisme, c'est-à-dire du despo-

tisme voilé par la grandeur militaire? Ils sa-
vaient bien ce qu'ils faisaient : en enfermant
les institutions actuelles dans un tel parallèle,
ils espéraient, à juste titre, en établir l'in-
compatibilité avec la civilisation moderne.

Qu'est-ce que le césarisme, en effet? Si les
Césars ont été les chefs de la civilisation au milieu de la barbarie, c'est qu'ils représentaient
alors la puissance sociale. A cette époque,
l'Empire romain, dans la décadence de ses
mœurs et de ses institutions, se trouvait à la
veille d'une dissolution inévitable. Ses dicta-
teurs devenaient ses sauveurs; et le jour où
l'Empire vivait tout entier dans un camp, le
gouvernement ne pouvait être qu'un com-
mandement militaire. C'était, en bas, la mul-
titude qui s'asservit ou se révolte; en haut, le
pouvoir absolu, se dégradant également par
les excès de la force et les hontes de la cor-
ruption.

Qu'est-ce qu'il y a de commun entre une
société ainsi avilie et l'état actuel de l'Europe
moderne? Sans doute, il y a des différences
considérables entre les divers peuples qui for-
ment l'équilibre européen; mais il y a cependant une chose qui les rapproche et qui les
assimile de plus en plus, c'est le principe de
la garantie substitué à celui de la force. Les

rapports internationaux que la civilisation a
développés entre les grands États ont créé le
droit des gens, d'où est sortie, pour chaque
nation, la nécessité même du droit public. Ce
qui se passe en ce moment sous nos yeux en
est le témoignage bien frappant. Si la Russie
émancipe ses serfs, si son autocratie hésite et
abdique devant les exigences légitimes des
classes éclairées; si l'Autriche cherche dans la
liberté politique la réparation de ses désastres; si la Prusse se retrempe dans l'opinion
publique pour y puiser cette force dirigeante
dont le fondateur de sa monarchie lui a laissé
la tradition ; si, en un mot, l'Europe tout entière semble vouloir se régénérer, n'est-ce pas
à la France, et n'est-ce pas aux nobles mobiles
qui ont inspiré sa politique qu'est dû cet immense résultat?

Dans ces conditions, il n'y a pas d'Europe
prête pour la conquête ou pour la servitude ;
il n'y a qu'une Europe qui perfectionne de
plus en plus ses institutions, et qui, en désin-
téressant par de larges concessions le droit et
le principe des nationalités , consacre ainsi les
conditions d'indépendance de tous les grands
États dont elle est formée. Ainsi s'évanouit,
dans cette situation, le rêve d'une monarchie
universelle, qui est la nécessité du césarisme

et qui porte avec lui la fatalité d'une guerre générale, mettant au service d'une propagande incessante l'ambition sans limite d'un despote et l'obéissance passive de tout un peuple.

Disons-le donc, il n'y a rien de vrai dans les injures ni dans les espérances qui annoncent l'Empire révolutionnaire; et s'il y a eu un César moderne, c'est pour fonder une dynastie sur la liberté et la grandeur de la France, et non sur son asservissement et sa souveraineté brutale s'imposant à l'Europe.

La doctrine de l'Empire est, au contraire, la liberté civile et politique, l'avénement régulier de la nation à la vie publique par le suffrage universel, l'indépendance de l'Église se combinant avec les droits de l'État, la pacification de l'Europe par la réconciliation des peuples et des rois. C'est ce que nous appelons l'*Empire conservateur et libéral.*

II.

La cause principale de nos troubles intérieurs, depuis soixante ans, a été la difficulté de concilier dans une juste mesure l'autorité du souverain et le pouvoir des chambres.

Toutes les constitutions ont échoué à cette

œuvre, tantôt en affaiblissant, tantôt en exagérant chacun de ces deux éléments. Aucun n'a pu réussir à leur faire la part exacte qui leur appartient, et dans cette oscillation continuelle, entre le pouvoir exécutif reprenant ce qu'il avait perdu et le pouvoir parlementaire dépassant ce qu'il avait conquis, le gouvernement de notre pays n'a pu trouver son aplomb.

Un rapide coup d'œil jeté sur ces conflits permanents qui remplissent notre histoire contemporaine, rendra plus palpable la conclusion qu'il importe d'en dégager, pour apprécier sûrement le caractère des institutions qui conviennent à notre pays et à notre temps.

Ne parlons pas des assemblées de la révolution. Leur tribune n'était qu'un champ de bataille : ce n'était pas l'antagonisme, mais le combat ; et le conflit de pouvoirs dont elles nous donnent le spectacle n'était que le prétexte d'une guerre terrible entre l'ancien régime, épuisé par ses abus, et un état social nouveau, surgissant comme une nécessité au milieu des vengeances, des convulsions et des crimes.

Le premier essai de gouvernement régulier fut la constitution de l'an VIII. La main puissante qui venait de rendre à la France son

prestige militaire, lui rendait en même temps
l'ordre à l'intérieur, par des institutions nouvelles et fortes. Il y avait dans cette constitution savamment combinée un arrangement très-
ingénieux pour entraver et paralyser les forces
qu'elle organisait. Ce Tribunat et ce conseil d'É-
tat, représentant l'un l'opinion, l'autre le pouvoir, devant un Corps législatif muet et votant
silencieusement les lois; ce Sénat conservateur,
gardien de la constitution et qui nommait les
tribuns et les législateurs ; tout ce mécanisme,
en un mot, qui avait pour but d'engrener les
uns dans les autres les ressorts de la machine
gouvernementale, afin d'en maintenir l'har-
monie et d'en prévenir les mouvements libres
et isolés, était plus théorique que pratique.
Une grande individualité dominait toute cette
organisation, la résumait, la vivifiait. La force
la plus efficace de ce gouvernement nouveau,
c'était son chef. Les destinées de la France
n'étaient pas alors dans les combinaisons sa-
vantes de Sieyès ; elles étaient dans le génie et
la volonté du héros des Pyramides et du vainqueur d'Italie.

Les chambres du premier Empire ne fu-
rent qu'une fiction. Elles ne se redressèrent
que pour se venger de leur abaissement par
la défection. Le Corps législatif de 1814 ne

retrouva la parole que pour proclamer les
fautes du maître dont il avait toujours flatté la
dictature, et le Sénat ne reprit le mouvement
que pour voter la déchéance de la dynastie
dont il devait garder les droits. Éclatant et
douloureux témoignage de cette vérité, qui
appartient au cœur humain autant qu'à l'histoire : que les pouvoirs abaissés sont plus dan-
gereux que les pouvoirs respectés, et que la
fidélité se trouve bien plus dans le libre dé-
vouement que dans l'obéissance contrainte et
passive.

Le pouvoir parlementaire a vécu de 1814 à
1848. Il a jeté un grand éclat sur le pays. Il a
formé de magnifiques talents et de nobles carac-
tères. Il a concouru dans une large mesure au
perfectionnement de notre droit public. Nous
ne voulons pas plus le flatter que l'amoindrir
ou l'injurier. Mais il a manqué aux chambres
françaises, dans cette brillante période, une
chose essentielle, c'est le sens politique. Quand
on étudie leurs annales, on est frappé d'un
double fait : d'un côté, l'absence dans les ma-
jorités de l'esprit d'initiative qui pouvait les
conserver, et, de l'autre, une tendance révolutionnaire irrésistible dans les oppositions, qui,
franchissant les limites qu'elles auraient dû
toujours respecter, atteignaient les institutions

elles-mêmes. Entre ces résistances et ces entraînements, les réformes que le pays atten-
dait étaient impossibles, et l'éloquence, qui
aurait pu servir si puissamment l'honneur national, le progrès et la liberté, ne servait qu'à
des triomphes personnels.

La faute en est moins peut-être aux assemblées de cette époque et aux orateurs émi-
nents qui les illustraient et qui les dirigeaient,
qu'à la situation même de notre pays. En Angleterre, le pouvoir parlementaire est né des
mœurs de cette grande nation, et il a présidé
au développement de sa puissance depuis deux
siècles. En France, c'est la centralisation qui a
été l'instrument le plus actif de notre grandeur nationale. L'initiative qui, chez nos voi-
sins, est un élément de la liberté des citoyens,
est, en France, un privilége de l'État. En Angleterre, la liberté politique est un fruit de la
tradition : elle descend des hauteurs aristocra-
tiques pour se répandre dans toutes les conditions de la vie pratique ; en France, elle est
née de la révolution, elle s'est constituée et dé-
veloppée avec le mouvement démocratique.
Elle n'a ni filiation, ni règle, ni frein ; elle
obéit aux passions qui soufflent, et, au lieu
de les conduire, elle est emportée par leur
courant.

Deux fois, en moins de vingt années, le pouvoir parlementaire s'est laissé aller à des entraînements qui, en l'exagérant, l'ont perdu. Il n'a pas compris que ses triomphes marquaient sa chute, et qu'en renversant deux monarchies, il se dénaturait et transformait sa force légale et régulière en une force révolutionnaire.

Le Coup d'État du 2 décembre était écrit dans les échecs que les assemblées imposèrent imprudemment à la couronne. Si la tribune a croulé à ce moment, ce n'est pas qu'elle ait été ébranlée par la main d'un dictateur, c'est qu'elle n'avait plus de base : elle ne pouvait trouver son point d'appui que sur l'équilibre du pouvoir exécutif et du pouvoir législatif; mais elle ne reposait que sur l'usurpation de l'un et sur l'humiliation de l'autre, et, si elle est tombée, c'est qu'elle penchait.

Telle est, en quelques mots, l'histoire contemporaine du gouvernement parlementaire. Eh bien! nous disons qu'elle doit nous profiter et nous montrer les écueils que nous devons éviter. Il y a deux choses également impossibles : l'autorité absolue du souverain et le pouvoir illimité des chambres. Dans le premier système, c'est le despotisme; dans le second, c'est l'anarchie.

La France ne veut ni anarchie ni despotisme. Le pouvoir exécutif sans contrôle lui
est aussi antipathique que le pouvoir parlementaire sans limite. Ce qu'elle veut, ce qui
répond le mieux à ses instincts comme à ses
intérêts, se résume en deux mots : l'autorité au
souverain et le contrôle aux chambres.

C'est à réaliser cette juste mesure que doivent s'appliquer les réformes constitution-
nelles. Elles ne seront efficaces qu'à la condition d'être prudentes. Il y avait, pour un
regard attentif, une lacune considérable et un
danger sérieux dans la pratique de la constitution de 1852 : le contrôle n'existait pas ; l'influence des chambres dans le gouvernement
était à peu près nulle. Leur patience a fait
plus pour la liberté que n'aurait pu faire
leur révolte. En exerçant dignement leur man-
dat, elles en ont conquis l'extension, et aujour-
d'hui leur action sur les affaires publiques est
réelle.

Nous croyons que c'est là un véritable progrès qui, en se complétant, ramènera de plus
en plus l'Empire à ses conditions naturelles
de développement politique.

Il ne faut pas que l'Empire tombe dans la
même faute que les règnes précédents, c'est-
à-dire qu'il devienne un gouvernement exclu-

sif. La Restauration, malgré sa Charte, malgré de larges et libérales concessions ; la monarchie de Juillet, malgré son origine, malgré ses institutions, ont eu le malheur l'une et l'autre de s'isoler de l'élément démocratique qui, exclu par elles, soulevé contre elles, les a définitivement renversées. L'Empereur a pour lui la démocratie ; les masses sentent en lui une sollicitude, une protection, une vigilance et un esprit national qui les a gagnées à sa cause. Mais ce qu'il y aurait de plus funeste, à la société comme au gouvernement, ce serait de gouverner avec ce seul élément, et de séparer le pouvoir politique, en France, de l'appui important que lui apportent tout naturellement les intérêts conservateurs.

Si, dans une démocratie, le pouvoir constituant est en bas, où il s'exerce par le suffrage universel, le pouvoir dirigeant est toujours en haut, où il se manifeste par l'intelligence, par la fortune, par l'importance traditionnelle et personnelle, et par tous les agents de la hiérarchie sociale. Il est donc impossible de supposer une séparation entre le gouvernement et les classes éclairées. Cette séparation, si elle existait, serait un égal malheur pour tous les deux ; et si l'entente n'était pas complète, s'il y avait des défiances mal fondées, de part et

d'autre, pour l'empêcher, il faudrait les faire cesser au plus vite et même se donner des gages mutuels.

Le gouvernement de l'Empereur a justement tenu compte des intérêts conservateurs de la société : il les a protégés contre la démagogie ; il a donné un élan immense à l'industrie ; il a accordé une protection spéciale à l'agriculture ; il a honoré et fortifié l'indépendance et l'autorité de la religion ; enfin, en élargissant l'influence des chambres, il a renversé les barrières qui séparaient les intelligences et les importances sociales d'une honorable participation aux affaires publiques.

De leur côté, les classes élevées ne doivent pas s'isoler, et, sans exagérer ni amoindrir leur rôle, elles sont appelées à reprendre leur légitime influence en devançant le mouvement des idées, au lieu de le suivre de loin ; en le dirigeant, au lieu de le contrarier. Qu'elles regardent l'Angleterre, à laquelle elles envient ses institutions, et qu'elles imitent l'esprit d'initiative et de progrès de son aristocratie et de ses communes ! Qu'elles se rappellent l'impérissable exemple du premier de ses hommes d'État contemporains, sir Robert Peel, conservateur de situation et de nature, libéral par raison, réformiste par nécessité et

vouant son nom et sa vie à des intérêts que
ses principes désavouaient, mais que son patriotisme adoptait comme la condition de la
puissance de son pays !

C'est de cette union sincère et loyale du gouvernement et des classes éclairées , c'est de la
fusion de ces classes dans la démocratie, qui
représente l'unité politique de la nation, c'est
de leur franche adhésion aux idées de progrès et au sentiment national qui sont les gé-
néreux mobiles de la politique de l'Empereur,
que sortira l'Empire conservateur et libéral,
c'est-à-dire un gouvernement qui dominera la
révolution par la liberté.

III.

Politique extérieure.

Pour que l'on puisse se rendre compte de la situation actuelle de l'Europe, il faut d'abord rappeler celle que le second Empire a trouvée à son avénement. Cette situation était, au point de vue territorial et de l'équilibre des États, ce que l'avaient faite les traités de 1815, avec cette différence, cependant, qu'elle s'était encore aggravée de toutes les irritations qu'elle avait sourdement entretenues. Sauf la Belgique, dont la séparation d'avec la Hollande, consacrée par un congrès européen comme la part du feu après la révolution de 1830, rien n'était changé. En 1852, comme en 1815, la Russie, l'Autriche et la Prusse pesaient sur la Pologne; mais, entre une nationalité conquise et cette domination européenne, il y avait quelque chose de plus : c'était le souvenir du siége de Varsovie et de la confiscation de Cracovie. La maison de Hapsbourg étendait son sceptre sur l'Italie et la Hongrie; mais, entre l'occupation autrichienne et ces peuples, il y avait des défaites et des vengeances. La Prusse persistait encore dans les voies féodales de son gouver-

nement; mais entre elle et l'esprit germanique
se dressait l'image des barricades de Berlin.
L'Empire ottoman était toujours aussi affai-
bli; mais la protection moscovite qui pesait
sur lui devenait de plus en plus menaçante,
et cette menace atteignait jusqu'à l'Occident.
Pendant près de quarante ans, la France avait
dû subir cette situation, en contenant les frémissements de son patriotisme et en reconnaissant en même temps son impuissance pour y
porter remède. Aux sommations réitérées des
événements, aux cris de l'Italie, aux appels de
la Pologne, aux inquiétudes de l'Orient, aux
aspirations de l'Allemagne, elle ne pouvait
répondre que par des sympathies, bruyantes
comme les échos de sa tribune, mais stériles
et dangereuses même pour ceux auxquels elles
s'adressaient.

Tel était le résultat de ces combinaisons diplomatiques faites contre nous, en haine de
notre grandeur, de notre influence, et avec
l'intention de nous isoler et de mettre l'action
de la France hors de tout le mouvement européen. Et ce qui montre bien que c'était là un
contre-sens de l'intérêt général de la société
européenne, c'est qu'il ne profitait à personne.
En même temps que la France était isolée et
impuissante, l'Europe était visiblement affai-

blie, et l'oppression des nationalités, bien loin d'être une garantie de la force des gouvernements, était devenue pour eux une cause de malaise, d'inquiétude et de péril.

Dans ces circonstances, trois politiques se présentaient à l'option du gouvernement de l'Empereur :

La première était la continuation pure et simple du système d'effacement et d'incertitude auquel étaient condamnés les régimes précédents. Ne rien exiger, ne jamais résoudre, maudire les traités qui pesaient sur l'honneur national, mais les subir, encourager les causes justes sans les appuyer, vivre au jour le jour sans une pensée d'avenir, laisser s'accomplir les événements en attendant du hasard l'occasion d'une revanche ou d'un retour de grandeur : telle était cette politique que la France avait impatiemment supportée et qui maintenait depuis quarante ans en Europe un faux équilibre fondé sur son isolement.

La seconde consistait à promener partout en Europe la menace et l'excitation de la propagande, à prendre résolûment la tête d'une sainte-alliance des peuples contre les rois, à se créer des alliés de principes partout où le sentiment de la nationalité et la force de la démocratie pouvaient se produire et déchirer les grands États monarchiques du continent. Cette politique était celle de la révolution.

Enfin il y avait une troisième politique, celle qui voulait rendre à la France son rang dans le monde, effacer et réparer ses défaites, et substituer à un isolement stérile sa légitime influence pour concourir au mouvement européen, à ses redressements, à ses transformations dans l'intérêt commun des peuples et des rois. C'est cette politique qui a été adoptée et appliquée, et qui caractérise ce que nous appelons l'*Empire conservateur et libéral*.

Elle avait deux grandes entreprises à poursuivre : arrêter la marche de la Russie en Orient, et refouler l'Autriche en Italie. La Russie était la tête de la coalition absolutiste ; l'Autriche en était la base. Il y avait donc deux grands coups à frapper. La prise de Sébastopol et la victoire de Solferino ont complété l'œuvre. L'Autriche et la Russie perdaient ainsi leur puissance offensive ; séparées encore plus qu'affaiblies, elles emportaient chacune dans leur isolement la rancune de leur abandon réciproque et le sentiment de l'impuissance de leur futur rapprochement!

Mais ce n'est pas seulement la situation de la France par rapport à l'Europe qui a été changée par ces deux guerres, c'est encore la condition politique de l'Europe elle-même. En même temps que les anciennes alliances étaient brisées, les vieilles institutions qui en étaient le nœud se trouvaient profondément atteintes. L'absolutisme européen croulait en même temps que la domination russe en Orient et la domination autrichienne en Italie. Une Europe nouvelle surgissait ainsi sous l'influence de la France, et nos armes avaient ce singulier et noble privilége d'émanciper les peuples qu'elles venaient de vaincre.

Ainsi les traités de 1815, qui avaient organisé l'isolement de la France, tombaient virtuellement, et les grands États monarchiques de l'Europe devenaient par nécessité nos alliés, après avoir été si longtemps, par défiance de notre grandeur, nos ennemis ou nos adversaires. Il en est résulté une modification profonde dans les rapports internationaux de la France. L'alliance anglaise avait été depuis dix ans la condition de sa politique. Cette alliance, qui a produit des résultats que nous ne méconnaissons pas, n'est point rompue; mais on peut dire que, par l'effet de la situation que nous venons d'indiquer, elle a cessé d'être le pivot de notre action en Europe.

Nous sommes loin de partager les préventions tirées de l'exagération du sentiment national contre l'Angleterre, et nous désirons très-sincèrement l'entente de notre pays avec cette grande nation. Nous allons plus loin, et nous pensons que moins nous serons alliés et plus nous serons amis. L'alliance, en effet, en nous attachant l'un à l'autre, avait ses exigences, et, par conséquent, ses ombrages, ses aigreurs, et nous faisions souvent mauvais ménage. Peut-être qu'en reconnaissant que nous avons moins besoin d'elle, l'Angleterre attachera-t-elle plus de prix à notre amitié.

Il y a deux grandes questions en Europe où la France doit engager son action directe : c'est la question d'Orient et la question d'Italie. Eh bien! pour ce double intérêt, il était nécessaire que la France ne fût pas enfermée dans les exigences d'une alliance étroite avec un pays voisin. Sa liberté d'action en aurait été nécessairement gênée, et sa puissance d'expansion eût été moins grande qu'il ne convient à son honneur et à ses intérêts.

Le jour où la France unissait ses escadres et ses armées à celles de l'Angleterre pour maintenir l'intégrité de l'Empire ottoman, ce n'est pas seulement un territoire qu'elle venait défendre contre les invasions d'un puissant voisin, c'est un intérêt d'ordre supérieur qu'elle

avait en vue de protéger. L'existence de la
Turquie intéressait l'équilibre de l'Europe ;
mais le respect des croyances chrétiennes,
l'inviolabilité des races mêlées à l'élément mu-
sulman intéressaient l'humanité et la civilisation. Le traité de Paris a eu pour but d'assurer à ces droits divers la sécurité qui leur
était due. Ainsi, d'un côté, l'Empire protégé
contre les ambitions étrangères ; de l'autre,
les races chrétiennes garanties contre la per-
sécution : tel était le grand résultat de notre
action militaire et diplomatique en Orient.

Maintenant l'avenir décidera si ce but a été
atteint ; mais nous disons nettement que par
le fait même du traité de Paris, auquel a concouru la Turquie, elle est entrée dans le con-
cert européen, elle en a accepté les devoirs, et
elle a abdiqué ainsi le droit d'opprimer les
races qui lui appartiennent par le titre de leur
nationalité territoriale, mais qui appartiennent à l'Europe civilisée, et particulièrement
à la France catholique, par la solidarité des
croyances et par le souvenir du glorieux pro-
tectorat dont nous les avons toujours couver-
tes. Les événements qui se passent aujour-
d'hui en Orient ne sont pas pour nous des té-
moignages décisifs, mais ce sont au moins des
symptômes. Les massacres de Syrie, les sou-

lèvements provoqués en Servie, la lutte engagée au Monténégro, les frémissements de
toutes les populations assujetties avertissent
l'Europe que le moment n'est peut-être pas
éloigné où son intervention devra légitime-
ment se produire pour le règlement de l'un
des intérêts les plus considérables du monde.

C'est une condition nécessaire pour la France, nous le répétons, que de ne pas limiter
son action dans ce grand mouvement à une
entente exclusive avec l'Angleterre. Et, à ce
point de vue, sa politique devait tendre à
amener en Europe la situation qui a rappro-
ché d'elle les grands États continentaux, et qui
lui donnera peut-être des auxiliaires là où elle
pouvait craindre de rencontrer des obstacles.

Quant à la question d'Italie, les intérêts
que nous y avons engagés donnent encore plus
de prix à cette modification des conditions
actuelles de l'Europe. Lorsque nous avons
franchi les Alpes, nous avions le droit de
compter sur le concours de l'Angleterre : nation libérale, elle avait plus qu'aucune autre
encouragé l'élan de la Péninsule vers son indépendance ; et, nous le disons à son honneur, elle nous avait devancés dans cette voie;
il est donc bien étonnant qu'elle ne nous ait
pas suivis. A cette époque, l'on s'en souvient,

ses prévisions et ses vœux n'étaient pas pour nous. Elle soutenait moralement l'Autriche quand nous la combattions; et elle a excité l'Italie quand, après l'avoir affranchie, nous avons voulu la modérer. Elle ne voulait pas de son indépendance, et elle l'a poussée à l'unité. Elle lui disputait Milan, et elle voudrait lui livrer Rome!

Avant comme après la guerre d'Italie, la politique anglaise s'est donc séparée de la politique française. Autrichienne avant Magenta, elle est devenue garibaldienne après Solferino.

La conduite de l'Angleterre n'est si contradictoire qu'en apparence; et elle a été dirigée par des mobiles qu'elle n'abdique jamais, et inspirée par des défiances qu'elle regarde peut-être comme une partie de son patriotisme. Avant la guerre d'Italie, l'Autriche avait sur les Alpes une situation politique et militaire qui était une garantie pour l'Angleterre, parce qu'elle était une menace pour la France. Et c'est ce qui explique pourquoi, malgré les excitations de sa tribune et de sa presse, elle essayait de maintenir diplomatiquement la situation de l'Autriche dans la Péninsule. Mais lorsque cette situation a été détruite par nos victoires, lorsque les Alpes ont été affranchies, lorsque la France a eu recouvré de ce côté l'indépendance que ses plus grands hommes d'État poursuivaient depuis deux siècles; alors l'Angleterre, changeant de tactique mais non de but, a favorisé l'unité, afin d'établir à nos portes une grande nation maritime et militaire dont elle espère un jour faire son alliée. Voilà tout le secret de sa conduite!

Toutefois, cette politique de l'Angleterre pouvait avoir des conséquences graves, vis-à-vis de l'Italie d'abord, qu'elle encourageait aux solutions extrêmes par des excitations incessantes, et vis-à-vis de la France qui, séparée de son alliée sur cette question, se trouvait également isolée de l'Europe. Aussi que devait faire la politique française? Provoquer les puissances européennes à reconnaître le nouveau royaume d'Italie, dans les conditions et avec les réserves dont elle avait accompagné sa propre reconnaissance. Ce résultat a été obtenu, et les bons offices de l'empereur Napoléon ont amené la Russie et la Prusse à renouer ou à compléter leurs rapports diplomatiques avec le cabinet de Turin.

C'est une situation nouvelle qui commence pour l'Italie. L'épée de la France lui avait rendu son indépendance, et son influence diplomatique vient de lui assurer son état civil en Europe. C'est une force incontestable qui

lui est donnée pour se constituer, et pour se
dégager des embarras et des périls qui pour-
raient l'entraver. Aussi est-il à remarquer que,
depuis l'accomplissement de ce fait, la rupture
qui tendait à s'opérer entre l'élément politique
et l'élément révolutionnaire est devenue beau-
coup plus profonde. Désormais, le gouvernement du roi Victor-Emmanuel n'est pas seulement responsable, envers les Italiens ou
envers la France, du maintien de l'ordre; sa
responsabilité est également engagée devant les
grandes puissances qui viennent de le reconnaître. Il est donc permis de dire que si sa
réconciliation avec l'Europe le fortifie à Milan
et le rapproche de Venise, elle l'éloigne de
Rome; et le seul bruit répandu d'une expédi-
tion du général Garibaldi contre le territoire
pontifical a d'ailleurs une conséquence qui répond trop au sentiment national pour n'être
pas admise par tout le monde: c'est que si nous
étions à Rome par devoir, nous y resterons
désormais par honneur.

Le point culminant de la question italienne,
c'est-à-dire la destinée de Rome, est donc
bien plus sauvegardé que menacé par l'acte
diplomatique des cabinets de Pétersbourg et
de Berlin. Ce que veulent ces gouvernements,
ce n'est pas assurément une Italie révolution-

naire; et, en reconnaissant l'Italie sur la demande de la France, ils sont venus consacrer et fortifier cette politique si sage, si conciliante et si généreuse du cabinet des Tuileries.

Le plus grand péril de la situation européenne s'évanouit ainsi dans l'entente de tous les grands États de l'Europe pour accepter une situation que la France a créée, et que sa sympathie pour l'Italie, comme ses propres intérêts, lui commandent de maintenir. Désormais, quand nous le voudrons, quand des dispositions plus conciliantes prévaudront à Turin et à Rome, nous pourrons provoquer utilement un congrès qui donnera sa sanction définitive à l'indépendance italienne, en reconnaissant comme un intérêt supérieur et permanent la nécessité de maintenir le pape dans sa souverenaité territoriale, afin d'assurer contre tous les hasards humains sa souveraineté spirituelle et la liberté de conscience de deux cents millions de catholiques.

En résumé, l'Europe, telle qu'elle est aujourd'hui, avec les modifications qu'elle a subies, avec les progrès qu'elle a acceptés, avec les institutions libérales qu'elle fonde, avec les concessions intelligentes qu'elle fait au droit des nationalités et qui, pour être efficaces, devront être plus complètes, l'Europe, dans ces con-

ditions, répond merveilleusement au caractère, au but, aux principes, aux destinées de
l'Empire conservateur et libéral, tel que nous
avons essayé de le définir dans sa politique
extérieure et intérieure. Cette politique est
tellement conforme à la force des choses, à la
logique des événements, elle est tellement irrésistible dans son développement providen-
tiel, que chaque fait qui s'accomplit en est en
quelque sorte la déduction nécessaire; et sa
puissance est telle qu'elle se répand partout
avec la même force d'impulsion, et qu'elle se
fait sentir tout à la fois sur les intérêts les
plus éloignés comme sur les plus rapprochés.
N'est-ce pas un fait exceptionnel dans l'histoire, que ces résultats venant confirmer la situation de la France par celle de l'Europe, et
donnant pour gage à la liberté intérieure la
transformation de tous les gouvernements et
le progrès de tous les peuples? Ainsi, l'Empire
conservateur et libéral ne répond pas seulement aux instincts comme aux vœux de la nation française; et on peut dire, sans aucune
exagération, qu'il est l'expression la plus haute
et la plus glorieuse de tout le mouvement politique de notre époque.

Paris. — Imprimerie de Ad. R. Lainé et J. Havard, rue des Saints-Pères, 19.